Couverture inférieure manquante

Début d'une série de documents
en couleur

LE

PALIMPSESTE

DE FLEURY

—

FRAGMENTS DU NOUVEAU TESTAMENT EN LATIN

PUBLIÉS PAR

SAMUEL BERGER

—

Avec un fac-simile héliographique.

PARIS

LIBRAIRIE FISCHBACHER

Société anonyme.

33, rue de Seine, 33.

1889

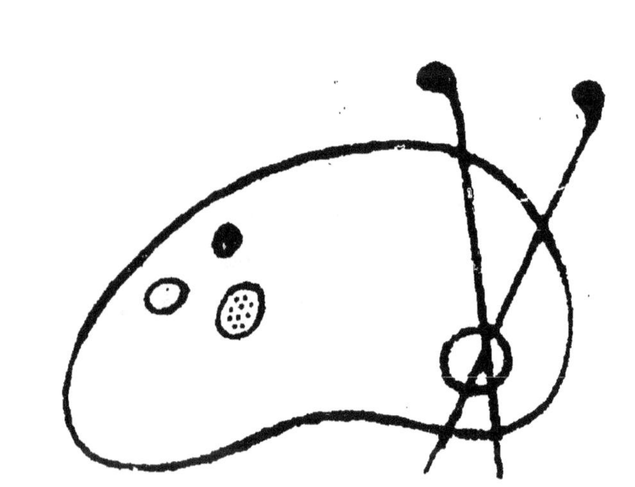

Fin d'une série de documents
en couleur

LE PALIMPSESTE

DE FLEURY

LE PALIMPSESTE

DE FLEURY

FRAGMENTS DU NOUVEAU TESTAMENT EN LATIN

PUBLIÉS PAR

SAMUEL BERGER

Avec un fac-simile héliographique.

PARIS

LIBRAIRIE FISCHBACHER

Société anonyme.

33, rue de Seine, 33.

1889

A l'Evêque de Salisbury.

5

DEDERUNT. EOQUOD
PEREOSNEMALIQUOD
SIBIEFFICIEXTIMAREN
DICENTESHABIRE EXSOLE
SPM EXLUNACORPUS.
EXAERCORUMLINGUA
ETSAPIENTIAM EXILEM

NANIBUS. CERTISSI
...ISTERMINATUR
Mensisautem anti
quedefinierunt.
quamdiuLunasodya
cumcirculiperduch
Antiautea gentibu
mensibusnabanua

hI Dec... Mensis
estLuminislunariscir
curtus acredintegra
tosubinouamadnoua
Cuius siquinplerumq

...cipientesamartio
...exsoannuex
orientesordinem
seruauerunt.
huncautemartium
propterhonore. ro
moli. sicappellaue
runtquia martius

LE PALIMPSESTE DE FLEURY

FRAGMENTS DU NOUVEAU TESTAMENT EN LATIN

———

Jusqu'à ces derniers temps, on confondait sous le nom
d'*Itala* tous les anciens textes latins de la Bible. Depuis que
MM. Westcott et Hort ont renouvelé l'étude du texte du Nouveau Testament, on admet au contraire [1] qu'il y a eu, avant
saint Jérôme, trois sortes de traductions de la Bible en latin :
1° les textes « africains, » antérieurs à saint Cyprien ; 2° les
« européens, » qui ont eu cours au IVe siècle dans l'Europe
occidentale et 3° les textes « italiens, » recommandés par
saint Augustin. Ces derniers ont, pour le Nouveau Testament,
servi de base au travail de saint Jérôme, qui n'a fait le plus
souvent que les retoucher. Ils représentent eux-mêmes, autant
qu'on peut le savoir, une revision des textes européens ; quant
à ces derniers, il ne semble pas qu'ils aient recueilli l'héritage
des anciens textes africains. Il est vrai que, jusqu'à présent,
nous ne connaissions, en dehors des Evangiles, aucun manuscrit des textes africains. Celui dont nous allons parler n'était
connu, avant ces derniers mois, que par quelques pages.
M. Belsheim, qui vient de publier ce remarquable texte, [2] est

———

[1] *The New Testament in greek*, t. II, 1881, p. 78 et suiv.

[2] *Appendix Epistolarum Paulinarum ex codice Sangermanensi Petropoli-
tano, in qua continetur I Collatio Epistolarum Paulinarum cum codice
Claromontano Parisiensi, II Palimpsestus Parisiensis, fragmenta Actuum
Apostolorum, Epistolarum Petri, Epistolæ Johannis primæ, Apocalypseos*

un des vétérans de la science biblique. Il s'est consacré à la recherche des anciennes traductions latines du Nouveau Testament. Les Actes des apôtres et l'Apocalypse, en particulier, lui doivent la publication de leurs meilleurs textes. Avant lui on n'avait, pour les Actes, que deux manuscrits bilingues dans lesquels le latin a été certainement retouché d'après le grec, et, pour l'Apocalypse, que des extraits des pères. M. Belsheim a rendu un grand service à la science lorsqu'en 1879 il a publié ces deux livres d'après le plus gros manuscrit qui existe au monde, le *Gigas librorum*, qui fut rapporté de Bohême par les Suédois comme un trophée de guerre [1]. Ces textes sont, paraît-il, « européens, » c'est dire qu'ils appartiennent au groupe le plus nombreux des anciennes versions latines [2]; ils intéressent particulièrement l'histoire de la Vulgate, car ce sont des textes analogues qui se sont le plus souvent mêlés, au moyen âge, à notre Bible latine. Les fragments considérables des Actes, des Epîtres catholiques et de l'Apocalypse que l'infatigable norvégien vient de mettre au jour appartiennent au contraire en grande partie à la famille la plus ancienne et la plus curieuse des textes latins de la Bible, au groupe « africain. » A tous égards ils présentent un intérêt capital.

Johannis, ex codice rescripto Parisiensi eruit et edidit J. Belsheim. Christiania, 1887.

[1] **M.** Belsheim a complété cette publication par l'édition d'un texte qui, pour les Actes, semble parent de celui du *Gigas* (*Fragmenta Vindobonensia.* Christiania, 1886). Tischendorf avait déjà fait connaître ces fragments palimpsestes, qui proviennent de Bobbio comme tant d'autres (*Wiener Jahrbücher*, t. CXX, 1847, *Anzeigeblatt*, p. 36: cf. t. XXVI, 1824, p. 34), mais M. Belsheim en a tiré beaucoup plus que lui. J'ajouterai que nous possédons deux pages tirées d'un lectionnaire et identiques au texte du *Gigas* (Ceriani, *Monum. sacra et profana*, tome I, fasc. II, p. 127): elles contiennent l'histoire de saint Etienne. MM. Westcott et Hort désignent par la lettre *s* les fragments de Bobbio, le *Gigas* par *g* et par g^2 le fragment publié par M. Ceriani.

[2] D'après M. Hort, le texte de l'Apocalypse dans le *Gigas* est soit européen, soit peut-être « italien. »

I. Description et histoire du manuscrit.

Le palimpseste dont M. Belsheim a tiré ces fragments est conservé à la Bibliothèque nationale sous le numéro 6400 G (et non 6400, comme le dit par erreur M. Belsheim); il portait le numéro 5367 à la Bibliothèque du Roi. Le volume où il se trouve [1] contient, sous une reliure du XVIIe siècle, plusieurs écrits copiés à des époques très diverses [2]. Le *De Mundo* de saint Isidore, qui recouvre notre palimpseste, occupe les feuillets 112 v° à 145 v°; il est écrit en deux colonnes (un seul feuillet est écrit à longues lignes), d'une écriture onciale qui paraît du VIIIe siècle. Le sommaire qui est en tête est écrit en une semi-onciale qui rappelle la fameuse écriture de Tours. On lit, au feuillet 130, au milieu des figures qui représentent les phases de la lune, l'inscription suivante, que M. Belsheim n'a pas mentionnée : « *Hic est liber sancti Benedicti de Floriaco.* » Le manuscrit appartenait donc, au XIe siècle (car c'est au moins à cette époque que la note paraît remonter), à la célèbre abbaye de Fleury ou de Saint-Benoît sur Loire. C'est un débris de l'illustre bibliothèque du couvent, qui fut dispersée dans les guerres de religion et dont une partie fut recueillie par l'ami de Calvin, Pierre Daniel d'Orléans. Tandis que les manuscrits de Daniel ont passé, par l'intermédiaire du diplomate Bongars et de Petau, dans la bibliothèque de Berne et dans celle de la reine Christine, aujourd'hui conservée au Vatican, le nôtre est entré en 1654 à la Bibliothèque du Roi, avec les manuscrits des frères Dupuy.

[1] Le manuscrit a, dans son état actuel, 240 millimètres sur 185; il se compose de 193 feuillets.

[2] Le commencement est occupé par le traité de Boèce, *De hypotheticis Syllabis*, écrit au XIIe siècle et dont le premier feuillet manquait déjà au XVe siècle. La dernière partie est un manuscrit du *De Officiis ecclesiasticis* d'Isidore de Séville, écrit en lettres onciales à la même époque que les pages du milieu dont nous allons parler, mais d'une autre main et à longues lignes. Les cahiers sont numérotés isolément; les deux traités de saint Isidore forment deux manuscrits différents, quoique ayant l'un avec l'autre plus d'une ressemblance.

Le *De Mundo*, dont nous n'avons qu'un mot à dire, est
incomplet à la fin, mais de peu de chose ; il se compose actuellement d'un feuillet isolé, de trois cahiers et de deux feuillets
doubles. La fin, c'est-à-dire les quinze derniers feuillets, est, elle
aussi, palimpseste ; elle recouvre des fragments de la Vulgate [1].
Les deux premiers cahiers contiennent, cachés sous le texte
de saint Isidore, des fragments importants d'une version ancienne du Nouveau Testament. Le premier cahier a huit feuillets et le second dix ; le parchemin en est assez fin. Je ne parle
pas du feuillet isolé (f° 112) qui est placé en tête et qui ne fai-
sait pas partie du palimpseste. Ce sont donc les feuillets 113 à
130 qui doivent attirer notre attention.

Ce n'est pas la première fois que les savants s'exercent sur
notre palimpseste. Le fameux bénédictin Pierre Sabatier en a
connu les trois premières pages, qu'il a publiées en 1743 dans
sa grande et admirable collection, *Bibliorum sacrorum latinæ
Versiones antiquæ* ; Tischendorf a reproduit ces extraits dans
son Nouveau Testament. Entre le moment sans doute où la
copie de Sabatier a été faite et celui où elle a été publiée, un
savant qui ne s'est pas fait connaître a étudié ce texte avec
beaucoup de soin et a marqué au haut des pages l'indication
de beaucoup de passages qui avaient échappé à Sabatier. Mon
ami M. Omont, pour qui l'histoire de la Bibliothèque nationale
n'a pas de secrets, a reconnu dans ces notes la main de Jean
Boivin, qui fut garde des manuscrits de 1719 à 1726 ; ce même
Boivin est connu des savants pour avoir découvert et étudié le
premier un palimpseste de la Bible plus célèbre que celui-ci,
le *Codex Ephraemi*. C'est assurément la même main qui a
annoté les deux manuscrits. Plus récemment, un Anglais, auquel l'étude du Nouveau Testament doit beaucoup, Augustus
Vansittart, de Cambridge, mort en 1882, en a déchiffré à son
tour quelques passages, qu'il a publiés dans le *Journal of*

---

[1] Ces fragments s'étendent du chapitre V du livre des Nombres au
chapitre XIV du Deutéronome. Le texte primitif était écrit en deux colonnes, *per cola et commata* ou stichométriquement, à vingt-neuf lignes à
la colonne, d'une écriture semi-onciale du VII⁰ siècle, sur un parchemin
grossier.

Philology (tome II, 1869, p. 240 et tome IV, 1872, p. 219).
Quelques années après, M. H. Omont publiait, dans la *Bibliothèque de l'Ecole des chartes* (t. XLIV, 1883, p. 445), le texte de quatre pages de l'Apocalypse. Les travaux de ces savants ont certainement été à M. Belsheim d'une grande utilité, il aurait même pu en tenir compte davantage encore, mais il faut reconnaître qu'avant lui le texte conservé dans notre palimpseste n'avait pas été réellement publié.

II. Le manuscrit primitif.

M. Belsheim pense que l'ancienne écriture remonte au Ve ou au VIe siècle ; on pourrait avec moins de chances d'erreur l'attribuer au VIIe siècle. Chaque page avait vingt-trois longues lignes ; il n'y avait ni chapitres, ni initiales de couleur, ni sommaires en tête des livres. Les mots ne sont pas séparés, il n'y a aucune ponctuation. Le texte était divisé en versets séparés les uns des autres par l'espace de quatre lettres environ ; lorsque le verset commençait avec la ligne, la première lettre enjambait sur la marge ; la première lettre de chaque verset est d'ordinaire un peu plus grande que les autres. Cette division en versets paraît arbitraire et faite avec peu de soin, on en remarque peu de traces dans les Epîtres catholiques. Il y a une grande lettre en tête de chaque page. Je n'ai vu aucune trace de titres courants au haut des pages ; il est vrai que les marges ont été coupées ; sur les côtés, il manque régulièrement, alternativement à droite et à gauche, de cinq à neuf lettres environ. Je parlerai plus tard de la numérotation des cahiers. Excepté au bout des lignes, où les contractions sont fréquentes, on ne remarque aucune autre abréviation que *ds, dns, ihs, xps, sps, scs,* pour *deus, dominus, ihesus, christus, spiritus, sanctus,* et ces mêmes abréviations déclinées, et deux fois (2 Pierre II, 1 et 1 Jean II, 20) *sti* et *sto* pour *sancti* et *sancto,* ainsi que *b·* pour *bus* et *q·* pour *que.*

Le premier soin de celui qui déchiffre un palimpseste doit être de reconstituer les cahiers du manuscrit primitif. Ce principe est celui d'Angelo Maï. En le suivant, nous remarquerons

que les feuillets se groupent presque toujours sans peine en
cahiers de huit feuillets. Les passages qui manquent, et dont
il est facile de calculer la longueur, s'intercalent naturellement
entre les feuillets conservés. Une seule fois notre calcul semble nous laisser en route [1], mais il n'est nullement impossible que
l'un des cahiers n'ait eu que sept feuillets. Sans nous laisser
arrêter par ce léger mécompte, qui peut assez bien s'expliquer,
nous nous demanderons si la reconstitution des cahiers peut
nous apprendre quelque chose sur la disposition et l'étendue
du manuscrit primitif. Ici nous recevons la réponse la plus
claire. Deux feuillets seulement, les feuillets 116 r° et 115 r°,
ont dû se trouver à la fin d'un cahier : c'est là qu'il convient de
chercher la « signature » qui sert de numéro d'ordre au cahier. On ne peut rien lire au bas du feuillet 115, soit que la
« signature » soit effacée ou qu'elle ait été coupée avec la
marge, mais au bas et à droite du feuillet 116, nous lisons dis-
tinctement la lettre *G*. Le feuillet 116 terminait donc, selon
toute apparence, le septième cahier du manuscrit. Remontant
de proche en proche, nous constatons que le livre des Actes
devait commencer au milieu du troisième cahier, numéroté *C*,
plus exactement au verso du sixième feuillet du troisième cahier. Or l'Apocalypse commence avec un cahier et elle doit
remplir exactement deux cahiers et cinq feuillets du troisième.
La page qui manque a fort bien pu rester en blanc ou être
occupée par le titre ou par les préliminaires du livre des Actes.
Ainsi il n'y a guère moyen de douter que, dans notre manuscrit, l'Apocalypse n'ait précédé les Actes des apôtres. Il est
plus difficile de déterminer la place des Epîtres catholiques ;
il n'est pourtant guère possible de ne pas les placer à la fin
du manuscrit, et dans ce cas il faudrait admettre que le on-
zième et dernier cahier a eu douze feuillets.

Nous avons lieu de penser que le manuscrit ne contenait
pas davantage et qu'on n'y lisait ni les Evangiles ni les Epîtres
de saint Paul. En effet, la numérotation des cahiers, que nous
avons retrouvée, paraît inconciliable avec l'hypothèse d'un

[1] Entre les feuillets 126 v° et 117 v° la place vide paraît dépasser d'un
feuillet la longueur du texte manquant.

Nouveau Testament complet. Au reste, puisqu'il y avait au VIe et au VIIe siècle de nombreux manuscrits contenant, soit les Evangiles, soit les Epîtres de saint Paul, il était naturel qu'on écrivît, en un troisième volume, la dernière partie du Nouveau Testament.

Voici donc l'ordre probable des cahiers et des feuillets doubles du manuscrit primitif qui sont conservés.

Cahier *A*, premier et dernier feuillet : f° 118 v° et r° et 115 v° et r°.

Cahier *B*, 3e et 6e feuillet : 121 v° et r° et 130 v° et r°.

Cahier *D*, 2e et 7e feuillet : 114 v° et r° et 119 v° et r° ; 3e et 6e feuillet : 113 r° et v° et 120 r° et v°.

Cahier *E*, 2e et 7e feuillet : 125 r° et v° et 126 r° et v°.

Cahier *G*, 1er et dernier feuillet : 117 v° et r° et 116 v° et r°.

Cahier *I*, 2e et 7e feuillet : 124 r° et v° et 127 r° et v°.

Cahier *L*, 4e et 9e feuillet : 129 v° et r° et 122 v° et r° ; 5e et 8e feuillet : 123 r° et v° et 128 r° et v°.

Quant au texte même, il nous faut en étudier successivement les diverses parties, car nous allons voir qu'il n'est pas homogène. Nous commencerons par le livre des Actes, le plus important à tous égards.

III. Les Actes des apôtres.

Le lecteur jugera, dès le premier instant, que le texte des Actes des apôtres que nous trouvons dans notre manuscrit n'a rien de commun avec celui du *Gigas librorum*. En revanche, il a un air de parenté avec les textes grecs-latins que j'ai mentionnés tout à l'heure, surtout avec le manuscrit de Théodore de Bèze (*D*), mais cette ressemblance est trompeuse, car elle se rapporte, en réalité, plus au texte grec qu'à sa traduction. Une chose est certaine, c'est que notre version est aussi ancienne qu'une version latine peut être. Elle paraît du reste remonter bien haut dans la tradition de nos textes. J'en donnerai une preuve. Un palimpseste ne se déchiffre pas sans conjecture et pour le lire il ne suffit pas d'avoir de bons yeux. Il faut souvent tenter dix hypothèses avant de voir les lettres for-

mer des mots et des phrases qui aient un sens. Pour nous
mettre sur la bonne voie, à défaut de textes latins ou grecs,
les traductions de toute espèce peuvent être de la plus grande
utilité. Or le seul texte qui puisse nous donner la clef de notre
palimpseste est une version syriaque, ou plutôt un recueil de
variantes qui se sont conservées sur les marges de la version
philoxénienne. C'est certainement, de tous les textes, à la fois
le plus mauvais et le plus curieux, et ce texte correspond à peu
près mot pour mot à celui de notre palimpseste.

L'orthographe de nos fragments du livre des Actes n'est pas
plus mauvaise que celle d'un grand nombre de manuscrits bi-
bliques. Les erreurs de plume y sont pourtant nombreuses.
Sans doute un certain nombre des fautes que nous relevons
avaient été corrigées entre les lignes et la trace de ces correc-
tions a disparu. La traduction est par endroits très inexacte et
pleine de contresens, en particulier dans les noms propres ;
ainsi la ville d'Anchis (XXVII, 8) paraît bien avoir été inventée
par le traducteur, qui lisait comme nous : ἐγγὺς πόλις ἦν ; la « belle
porte », ὡραία θύρα (III, 10), est appelée *horr[ea] porta ;* Procho-
rus s'appelle Proculus. En général, il faut le reconnaître, il
règne dans notre version, malgré la grossièreté de son langage,
un esprit plus véritablement latin que dans les traductions litté-
raires qui sont venues après elle. Le traducteur dit *bene nun-
tiare*[1] et non *evangelizare ;* Rome s'appelle *Urbs ;* les titres don-
nés aux fonctionnaires, *praetor, legatus,* sont vraiment romains ;
la traduction en un mot semble être populaire avant tout. La
langue elle-même est certainement celle du peuple. A côté de
formes comme *esto* (Act. IX, 19) et *estatim* (XXVI, 22)[2], on
rencontre des mots peu usités ou inconnus, tels que *laccania*
(pour *crura :* III, 7), *pignarium* (pour *carcerem :* V, 23), *lec-
tarii* (XVIII, 3). Mais ce qu'il faut surtout relever, c'est l'usage
de l'article comme en grec ou plutôt comme dans les langues

---

[1] Sur ce mot, qui ne se rencontre que dans des textes africains, voyez
G. Koffmanne, *Gesch. des Kirchenlateins,* t. I, 1879, p. 15.

[2] On trouvera des formes analogues à celles-ci dans Roensch, *Itala und
Vulgata,* pages 467 et 525. Aux exemples cités par M. Roensch on peut
ajouter celui-ci : *Cod. Corb.* (*ff*[1]), Jean XIX, 24 : *iscindamus.*

modernes : IV, 14 : *illum infirmum* (le malade) ; VI, 2 : *illi XII* (les douze) ; VII, 58 : *illi testes* (les témoins) ; XXVII, 3 : *ille centurio*[1] (le centurion). Dans tous ces cas le mot *ille* est employé pour traduire l'article grec et non l'adjectif démonstratif ; il est vrai que, dans une partie des cas, l'article grec était lui-même employé comme pronom. Mais encore une fois, nous avons ici, sous une forme plus ou moins littéraire, le latin populaire dans sa rusticité.

IV. L'Apocalypse.

Je rapproche la version de l'Apocalypse de celle des Actes des apôtres, parce que l'excellent connaisseur des anciens textes latins, M. Hort, leur reconnaît une parenté d'origine et les déclare toutes deux africaines[2]. En effet, le premier coup d'œil nous montre les rapprochements les plus intimes entre notre version et celle que nous a conservée, dans son commentaire, l'évêque d'Adrumète Primasius. D'autre part, nous trouvons certaines ressemblances entre notre texte de l'Apocalypse et celui des Actes, ainsi l'usage de l'article *ille*[3] et des formes comme *excorpio* (IX, 5) et *istadios* (XIV, 20). Au reste, notre version de l'Apocalypse n'était pas seulement celle de Primasius, qui vivait au VIe siècle, elle semble aussi avoir été celle de saint Cyprien. Il est vrai que l'orthographe et le latin paraissent sensiblement meilleurs que dans le livre des Actes, et ceci pourrait nous faire penser que ces deux parties du manuscrit n'ont pas été copiées sur le même original. Mais je dois avant tout relever une ressemblance remarquable de notre texte avec un écrit anonyme, dont l'auteur était certainement

[1] Au verset 6, on lit, dans le même sens : *centurio ille*. Ce mot ne correspond pas exactement au grec, ce dont il ne faut peut-être pas trop s'étonner, étant donné que le texte grec sur lequel notre version des Actes a été faite est en partie perdu. On notera l'interversion de l'article. Voyez du reste Roensch, p. 419. *Illi XII* se trouve déjà dans saint Cyprien.

[2] MM. Westcott et Hort désignent nos fragments par la lettre *h*.

[3] XII, 9 : *ille serpens* ; XIV, 16 : *ille sedens* (ὁ καθήμενος) ; XIV, 1 : *plagas septem illas novissimas* ; XV, 8 : *septem illæ plagæ*.

africain. Au chapitre Ier, verset 7, nous lisons dans notre palimpseste : *et videbunt eum omnes tribus terrae talem*, là où les diverses versions latines ont, d'accord avec le grec : *ita amen* ou *etiam amen*. Quelle qu'en soit l'origine, la leçon *talem* se retrouve dans le livre *de Fide ad Petrum*, qui est généralement attribué à Fulgence, évêque de Ruspæ en Afrique et qui est en tout cas sorti du groupe auquel appartenait ce prélat. Nous aurons à revenir sur cette remarque.

V. Les Epîtres catholiques.

Le texte des Epîtres catholiques est autre, à bien des égards, que celui des livres dont nous venons de parler. Sans doute nous y trouvons des formes analogues à celles que nous avons reconnues dans les autres parties du manuscrit (*iscribo*, 1 Jean, II, 1 et *iscimus*, ibid., II, 3 et 6) et même l'article *ille* [1], mais en général nous sommes ici beaucoup plus rapprochés de la Vulgate. Le texte auquel appartient notre version des Epîtres catholiques n'est pas inconnu ; il est déjà publié en partie, et nos fragments viennent à propos pour compléter ceux qui ont déjà été imprimés. En effet il y a presque identité entre notre texte et celui que Tischendorf et M. Belsheim ont tiré d'un palimpseste de Bobbio [2], et le même rapport unit notre version aux fragments publiés par M. Ziegler d'après des débris d'un manuscrit provenant de Freisingen [3]. Les trois séries de fragments se rencontrent juste en assez de passages pour qu'on puisse reconnaître qu'elles contiennent un même texte, et pour la plus grande partie elles se font suite l'une à l'autre, en sorte qu'à leur aide on pourrait donner l'édition presque com-

---

[1] 1 Pierre, V, 4 : « *illam floridam... coronam,* » et V, 6 : « *sub illa potentissima manu Dei.* » Le mot « *illa* » ne paraît pas se trouver, au dernier endroit, dans le fragment de Freisingen publié par M. Ziegler.

[2] Voyez plus haut l'indication des publications de Tischendorf et de M. Belsheim.

[3] *Italafragmente* (avec une introduction de feu E. Ranke), Marbourg, 1876, in-4°, et *Sitzungsberichte* de l'académie de Munich, *phil.-hist. Classe,* 1876, p. 607. Ces fragments sont désignés dans le Nouveau Testament de MM. Westcott et Hort par la lettre *q*.

plète des quatre premières Epîtres catholiques. Nous connaissons assez bien cette version des petites épîtres [1] pour pouvoir dire qu'elle ne représente nullement l'ancien texte africain, celui de saint Cyprien, mais au contraire celui des évêques africains de l'époque des Vandales, tout particulièrement de Fulgence de Ruspæ [2] : j'en appelle aux interpolations de 1 Pierre, V, 4 et 14 [3]. C'est dire que notre texte est des plus récents, de ceux qu'on appelle « italiens » et que saint Augustin avait apportés de Milan en Afrique, de ceux que saint Jérôme avait sous les yeux lorsqu'il a revisé l'ancienne version du Nouveau Testament. Ou plutôt il faut dire que ces textes ont été si profondément transformés par leur séjour dans l'Afrique vandale, qu'on ne devrait pas plus les appeler « italiens » qu'on ne doit les dire « antérieurs à saint Jérôme. » Les théologiens africains qui, dans le dernier quart du Ve siècle, ont défendu la foi catholique contre l'arianisme, avaient entre les mains, pour les Epîtres catholiques, un texte tout particulier, dérivé du texte italien, mais gravement interpolé et que nous ne saurions appeler qu' « africain de basse époque, » et ce texte paraît être presque exactement, celui de notre manuscrit. Il contenait, nous le savons, le célèbre passage apocryphe des trois témoins du ciel (I Jean V, 7).

Cela étant, nous ne pouvons pas ne pas nous souvenir que nous avons déjà rencontré le nom de Fulgence de Ruspæ à propos du texte de l'Apocalypse que contient notre palimpseste. Il est donc fort probable que l'une et l'autre version, celle des Epîtres

---

[1] Elle n'a rien de commun avec la version de l'Epître de saint Jacques publiée en 1695 par Martianay d'après un manuscrit de Corbie (*ff*, ou *f* d'après MM. Westcott et Hort) actuellement conservé à Saint-Pétersbourg.

[2] Il faut également mentionner ici le fameux *Speculum* attribué à tort à saint Augustin et marqué de la lettre *m* dans les éditions savantes du Nouveau Testament.

[3] 1 Pierre V, 4, *Speculum* : « *rationem reddatis de ovibus* »; ib., v. 14, Fulgence : « *Gratia cum omnibus qui invocant J.-C. in perpetuitate. Pax vobis omnibus qui estis in Christo.* » Le manuscrit de Freisingen, qui est la doublure du nôtre, a également été reconnu par M. E. Ranke comme reproduisant le texte de Fulgence (*Italafragmente*, p. 8).

catholiques comme celle de l'Apocalypse, est celle qui était en usage, vers l'an 500, dans les Eglises de l'Afrique (je parle spécialement de la Byzacène où étaient Hadrumetum, Ruspæ et Thapsus, et peut-être de l'Afrique proconsulaire). L'origine des deux textes est différente, mais ils se sont rencontrés en ce même temps et en ce même lieu. En est-il de même de l'ancien texte africain des Actes, que nous possédons en partie dans notre précieux palimpseste? Rien ne nous autorise à l'affirmer, mais rien ne s'oppose à ce que nous croyions la chose possible. Nous avons, pour les passages que nos fragments ont conservés, moins de parallèles caractéristiques des derniers pères africains, mais ils s'éloignent généralement assez peu de notre texte [1]. Quoi qu'il en 'soit, notre texte tout entier a la saveur de la terre d'Afrique; dans le livre des Actes il est africain de naissance, dans l'Apocalypse africain par son origine et par ses destinées, dans les Epîtres catholiques africain par adoption.

VI. De la présente édition.

Un texte de cette importance mérite d'être publié avec autant d'exactitude qu'il est possible. A cet égard, l'édition que vient d'en donner M. Belsheim a certainement besoin d'être revue autant que complétée. Loin d'en faire un reproche au savant norvégien, je le remercierai au contraire des grands progrès qu'il a fait faire à l'étude de notre document. Si aujourd'hui on peut lire plus et mieux qu'il n'a fait, c'est à lui qu'on le doit. Les Parisiens, qui ont laissé dormir pendant cent cinquante ans un manuscrit de cette valeur, n'ont pas le droit de se montrer exigeants envers celui qui le premier a eu le courage de s'y attaquer. Ceux qui savent combien il est, non seulement pénible, mais souvent douloureux de déchiffrer un palimpseste sans le secours de la chimie, parleront toujours avec respect d'un homme qui s'est consacré à cette rude tâche.

---

[1] Il serait difficile de combler la lacune du passage Actes, III, 15, autrement que par l'interpolation de Vigile de Thapsus : « *suspendentes in ligno.* » Si cette hypothèse était vérifiée, il serait établi que notre texte représente dans toutes ses parties la Bible des derniers pères africains.

M. Belsheim a fait tout ce qu'un étranger pouvait faire en trois ou quatre semaines de séjour, et nous lui devons pour cela toute notre reconnaissance. S'il avait publié ses notes moins rapidement et dans un meilleur système (les points qu'il met au bout des lignes égarent absolument le lecteur), nous n'aurions qu'à le remercier. Mais quand on a l'avantage d'avoir le manuscrit pour des mois entiers sous les yeux, on peut lire beaucoup plus qu'il n'a lu et corriger ses lectures en beaucoup d'endroits. J'ai essayé de compléter son œuvre. Je n'ai eu d'autre ressource que la loupe, et la photographie dans les endroits les plus difficiles. J'ai marqué en italique les conjectures que j'ai cru pouvoir faire sans trop de chances d'erreur, aussi bien que les mots et les lettres dont la lecture n'est pas certaine pour moi. Je n'ajoute aucune note : il faudrait un volume pour tout discuter, et je n'aurais pas osé donner une édition critique d'un texte qui est à tous égards des plus difficiles à publier. J'ai seulement désiré mettre notre ancienne version latine, publiée aussi correctement que possible, entre les mains de ceux qui s'intéressent à la Bible. D'autres feront plus et mieux : le sujet serait digne de tenter l'évêque de Salisbury et ses collaborateurs.

Je dois remercier M. l'abbé Martin, qui m'a mis à même de mieux comprendre la version syriaque.

Le fac-similé héliographique qui accompagne ces pages est la reproduction d'une des meilleures pages du palimpseste. Il est dû à l'art consommé de M. Dujardin. Il fait partie du *Recueil de fac-similé à l'usage de l'Ecole des chartes* et j'en dois la communication à l'amitié de M. P. Meyer.

L'APOCALYPSE

1 Apocalypsis ihū xp̄i[1] quam 'dedit illi dē *palam facere ser*
   uis suis quae oportet fieri in breui   Et significa*uit nun*

2 *ti*anda per angelum sum seruo suo ioannis *qui praedi*
   cauit uerbum dī et testimonium ihū xp̄i ea *quae uidit*

3 Felix qui legit et qui audit uerba prophetiae et *qui seruant*
   ea quae scripta sunt quia tempus iam in pro*ximo est*

4 Johanes septem eclesis quae sunt in asia gra*tia uobis*
   et pax ab eo qui est et qui fuit et qui uenturu*s est et sep*
   tem spiritibus et quae in conspectu troni *eius sunt*

5 et ab ihū xp̄o qui est testis fidelis primogenit*us mortu*
   orum   Et imperator regum terrae   Et *qui dilexit*

6 nos et soluit nos a peccatis nostris sanguin*e suo et fe*
   cit regnum nostrum sacerdotes dō et patr*i cui cla*
   ritas et potestas in secula seculorum   A*men*

7 Ecce uenit cum nubibus et uidebit eum omni*s oculus*
   et qui eum confixerunt et uidebunt eum oᵐnes *tribus*

8 terrae talem   Ego A et Ω dicit dn̄s dē qu*i est et qui*

9 erat et qui uenturus est omnipotens   *Ego iohannes*
   frater uester et particeps in tribulatione e*t in regno*
   et patientia in xp̄o ihū fui in insula quae a*ppellatur*
   pathmos propter uerbum dī et propter test*imonium*

10 ihū fui in sp̄u die dominica et audiui post me *magnam*

11 uocem   Ut tubam dicentem mihi quod u*ides scribe*

11 *In libro et mittem* septem ecclesis   Ephesum et smyr
   nam *et perg*amum   Et tyatyram et sardis et filadelfia⁻

12 *et laodiciam* et conuersus rexspexi[2] *u*t uiderem uocem
   quae mecum loquaebatur et uidi septem candelabra

13 *aurea et in* medio candelabrorum similem filio homi

---

[1] Ces trois mots sont écrits d'une autre encre.

[2] Le premier *x* de ce mot est gratté.

nis uestitum podere et erat praecinctus super mam
14 *illas zonam* auream   Caput autem eius et capilli erant
15 *candida* ut nix et oculi eius ut flamma ignis et pedes
   eius similes aurocalco. sicut de fornace igneo   Et uox
16 *eius ut sonus* aquarum multarum et habebat in deste
   ra sua septem stellas et ex ore eius gladius utrimquae
   acutus exiebat et facies eius splendebat ut sol in
17 *uirtute* sua et cum uidissem eum caecidit ad pedes eius
   tamquam mortuus et inposuit super me desteram
   suam dicens noli timere ego sum primus et nouissimus
18 *et uiuus* qui fui mortuus et ecce suum uiuens in sae
   cula saeculorum   Et habeo claues mortis et infe
19 *rorum* scribe ergo quae uidisti et quae sunt et quae
20 *fieri post* haec oportet   Sacramentum septem stel
   larum quae uidisti in destera mea et septem cande
   labrorum auream septe stellae angeli sunt septem ecle
   siarum sed et candelabra septem ecclesiae sunt
1 *Et angelo* eclesiae ephesiorum scribe haec dicit qui te

 7 Tiam partem terrae usserunt et tertiam *partem arbo*
   rem cremauerunt et omne faenum uiride *cremauerunt*
 8 Et secundus angelus tubae caecinit et ut *mons magnus*
   ignis ardens missus est in mare   Et *facta est tertia*
 9 pars maris sanguis et mortua est tertia pars *illorum*
   animalium quae erat in mari   Et tertia *pars nauium*
10 interiit et tertius angelus in tuba caecinit *et cecidit*
   de caelo stella magna ardens ut facula sup*er tertiam*
11 partem fluminum et super fontes aquar*um et nomen*
   stellae dicitur absentium   Et facta es*t tertia*
   pars aquarum quasi absentium et multi *homines*
12 mortui sunt amaritudine aquarum   *Et quartus*
   angelus tubae cecinit et percussa est terti*a pars solis*
   et tertia pars stellarum ita ut tertia pars *eorum teneb*
   raretur et dies eandem partem amitter*et et nox si*
13 militer   Et uidi et audiui unius aquila*e uolantis*
   per medium caelum uoce magna dicens ua*e uae uae*

habitantibus super terram a ceteris uocib| *illorum tri*

1 um angelorum qui tuba canituri sunt   *Et quintus*
angelus tuba cecinit et uidi stellam de *caelo cecidis*

2 se in terram et data est ei clauis putei abyssi *et aperu*
it puteum abyssi et ascendit fumus de puteo *ut fumus*
de magno fornace qui solem et aerem *tenebrauit*

IX, 3-11   **F° 115**

3 *De putei fumo et ex fu*mo exierunt lucustae in terram
et data est / potestas similis eam quae habent scorpii

4 *terrae et praecept*um est eis ne laederent fꞇenum ter
rae nequae quidquam uiride nequae ullam arbor*em*
*nisi homines q*ui non habebant sig*num* dī in front

5 *ib· et datum est eis ne occide*rent eos sed ut *cruciarent*
ur mensibus quinquae et cruciatus illorum *sicut*
cruciatus cum excorpio percutit hominem

6 *Et in diebus* illis quaerent homines mortem et non in
*uenient ill*am et cupient mori et fugiet mox ab eis et si

7 *militudines* lucustarum similes erant equis paratis
in pugnam et in capitibus eorum quasi coronae similes

8 *auro et faci*es earum ut facies hominum habentes ca
*pillos ut mu*lieres et dentes earum ut dentes leonu⁻

9 *habebant* loricas qu⍺si loricas ferreas son*us aut*e⁻
*alarum ear*um erat ut multarum quadrigarum equo

10 *rum in pug*nam procurrentium caudae *uero sicut*
scorpiorum erat et aculei et potestas in caudis earu⁻
*ut haberen*t potestatem nocendi homines mensibus

11 *quinque* et habebant super se angulum abyssi cui
nomen est ebreice ababdon graeca lingua nome⁻
habet apollyon et latina lingua nomen habens ex
terminans   Uae unum abiit et ecce secundum uae

XI, 16-XII, 5   **F° 121 v°**

16 *Pectu* dn̄i sedebant *in sedibus suis* ceciderunt *in faciem*

17 suam et adorauerunt dm̄ *dicentes gratias agimus tibi* dn̄e
ds̄ *omnipotens qui es et qui fuisti quod accepisti po*
testatem *tuam magnam et regnasti et gentes iratae sunt*

18 et aduenit ira tua et *tempus*   *mortuo*

rum et reddendae *mercedis seruis tuis prophetis et*
sanctis et timentibus *nomen tuum pusillis* et *mag*
*n*is et conrumpantur *illi qui terram corruperunt*

19 Et apertum est templum dī quod *est in* caelo et *uisa est*
arca testamenti dī in templo eius *et facta* sunt *fulgu*
ra et tonitrua et uoces et terremotus et gran*do magna*

1 et signum magnum uisum est in caelo mulier *amicta*
sole et luna sub pedibus eius et in capite eius *corona*

2 stellarum duodecim et in utero habebat et *clamabat*

3 parturiens et cruciabatur ut pareret et uisum *est ali*
ud signum in caelo et ecce draco rufus mag*nus habens*
capita septem et cornuam decem et super capi*ta eius*

4 septem diademata et cauda eius tra*h*ebat terti*am par*
tem stellarum *caeli et iecit eas* in terram et *draco*
stetit in conspectu mulieris quae paritura *erat ut cum*

5 peperisset natum eius comederet et peper*it filium*
masculum qui recturus est omnes gentes in uir*ga fer*
rea et captus est filius eius ad dm et ad thro*num eius et*

6 *Mulier fugit in solitu*dinem ubi habebat locum
praeparatum a dō ut eam illic alat diebus mille duce⁻

7 *tis sexaginta et* factum *est prae*lium in caelo mica
el et angeli eius ut pugnarent *cum dracon*e et dra

8 *co pugnauit* et angeli eius sed non ual*uerunt* nec

9 *locus eorum* inuentus est amplius in caelo *et* missus
est dracho *magnus* ille *serpens* antic*us qui dici*
tur diabolus et satanas qui seducet totum orbem *ter*
rae et praecipitatus est in terram et angeli eius cum eo

10 *missi* sunt et audiui uocem magnam in caelo dicentem
nunc facta est salus et uirtus dī nostri et potestas xp̄i
eius quoniam praecipitatus est accusator fratrum
nostrorum qui accusat eos in conspectu dī nostri di

11 *ebus et* noct*ibus*   Et ipsi uicerunt eum et propter
sanguinem agni et propter uerbum testimoni sui nec

12 *amauerunt* animam suam usque ad mortem propter
hoc exultate caeli et qui inhabi*tatis* in eis   Uae ter

rae *et* mari quoniam discendit diab*olus* ad uos iram
ingentem habens sciens quia breue *tempus* habet
13 *Et cum* uidisset dracho quod esset deiectus in terra⁻
persec*utus* est mulierem quae illum masculum pep*er*
14 *erat* et datae sunt mulieri duae alae aquilae magnae
ut uolaret in solitudinem in locum suum ubi alitur per

15 Super nubem mitte falcem tuam et mete *quoniam*
uenit hora metendi quia iam arida est mes*sis terrae*
16 et misit ille sedens super nubem falcem *suam in terram*
17 et demessus est terram   Et alius angelus *exiuit de tem*
18 plo quod est in caelo et ipse habens fal*cem acutam et*
alius angelus exiuit de ara dei habens pote*statem su*
per ignem et clamauit uoce magna ᵃd illum qu*i habe*
bat falcem acutam dicens   Mitte falcem *tuam acu*
tam et uindemia botr*uos* uinearum terrae *quoniam*
19 adultae facte sunt uua eius   Et misit ang*elus fal*
cem suam in terram et uindemiauit uineam *terrae*
20 et misit in torcular irae dī magnum et *calciatum est*
in torculari extra ciuitatem et manauit i*nde sanguis*
1 usquae[1] ad fenos eorum per istadio*s m* dc   *Et uidi*
aliurn signum in caelo magnum et mirabile *septem*
angelos stantes habentes plagas septem *illas nouis*
simas quoniam in illis consummata est ira dei
2 Et uidi uelut mare uitʳeum igni permixtum et *super*
mare stantes uidi eos qui de bestia et imagine *eius*
3 uictoriam ferent habentes chitaras et cant*antes*
canticum moysi serui dī et canticum agni *dicentes*
magna et mirabilia opera tua dñe ds̄ omnipotens *ius*
tae et *uerae uiae* tuae tu es rex omnium gentium *quis non*

4 *Timeat et det glori*am nomini tuo quia solus sc̄s
et pius es quoniam omnes nationes uenient et adorabunt
in conspectu tuo quia iusta iudicia *manifestata* sunt
5 *Et post haec uidi et* ecce apertum est templum taberna

---

[1] L's est écrite au-dessus d'une autre lettre illisible.

 6 *culi martyrii in* caelo *et* exierunt septem *angeli*
   habentes septem plagas de *templo uestiti* linteamina
 7 *candida* et cin*ti circa pectus* zonas aureas et unus
   *ex quatu*or animal*ibus dedit* septem angelis septem
   *phialas aur*eas plenas ira dī uiuentis in secula seculo
 8 *rum et* repletum est templum fumo de claritate dei
   et de uirtute eius nec quisquam poterat intrare *in tem*
   plum donec fieretur septae illae plagae septem ange
 1 *lorum*   Et audiui uocem magnam de templo dice⁻
   tem septem angelis ite et effudite phialas irae *dei*
 2 *Et abiit* primus et effudit phialam suam in terram
   Et factum est ulcus saeum et malum in hominibus inscrip
   tionem bestiae habentibus *in* simulacrum eius ado
 3 *rantibus*   Et secundus effudit phialam suam in
   mare et factum est mare uelut mortuis sanguis et o⁻
   nes animae quae erant uiuentes mortui sunt in ma
 4 *ri*   Et ter*tius* effudit phialam suam in flumina et fo*n*
 5 *tes aquarum* et facta sunt sanguis   Et audiui an
   gelum aquarum dicentem ius*tus* es *qui es et qui fui*

LES ACTES DES APÔTRES

III, 2-12   **F⁰ 114 v⁰**

2.3 Qui introibant templum hic contemplatus *oculis su*
    is cum uidisset petrum et iohannem incipien*tes in*
 4 troiret in templum rogabat illos elemosy*nam intui*
   tus autem eum petrus cum ioanne Ad*stans dixit*
 5 ei contemplare me ille autem contemplatus *est eos*
 6 sperans aliquid accipere ab eo   Dixit autem *petrus*
   ad eum argentum quidem et aurum non est *mihi quod*
   autem habeo hoc do tibi in nomine ihū xp̄i na*zareni*
 7 surge et ambula   Et adpraehensa manu eius *dexte*
   ra excitauit eum et continuo stetit confir*matique*
 8 sunt gressus eius et laccania et ambulabat *gaudens*
   et exultans   Introiuit autem cum eis in tem*plum lau*
 9 dans dm̄ et uidit eum omnis populus ambulan*tem et*

10 dm laudantem agnoscebant autem eum quoniam ipse fuit qui ad elemosynam sedebat ad horream por tam templi et inpleti sunt omnes ammiratione

11 Et stupebant de eo quod illi accidit sanitas *Exeun* tibus autem petro et ioanne simul et ipse pro*dibat* tenens eos et concurrit omnis populus ad eos *in porti*

12 cu quae uocatur solomonis stupentes cum u*ideret* autem petrus respondit ad populum dix)t u*iri istra* elitae quid ammiramini super hoc aut nos qu*id intu* emini quasi nos nostra uirtute aut potestate *fecerimus*

13 *Ut ambularet* istae   Dš abraham et isac et ia *cob dš patrum* nostrorum clarificauit filium suum ihm *xp̄m quem uos* quidem tradidistis *ad* iudicium et negastis

14   ille *iudicaret eum* dimittere uos *auteˉ* sc̄m *et* iustum negastis   Et petistis homicidam

15 *hominem uiuere* et donare uobis *principem autem uitae* ligno interemistis   Quem dš *excitauit a mor*

16 *tuis cuius* nos sumus testes et super *fidem eius* nominis *hunc quem* uidetis et nostis confirmauit   *dedit* ei integritatem istam in *conspec*

17 *tu omnium uestr*um et nunc uiri fratres scimus quo *niam non* quidem per scientiam fecistis nequam sicut

18 *et princ*ipes uestri uerum dī quod adnuntiauit ore oˉ *nium* prof*et*arum passurum xp̄m suum et inplebit

19 *Peniteat* itaquae uos et conuertimini ad perdelenda *peccata* uestra ut tempora uobis refrigeris superueniant

20.21 *a facie dn̄i* et mittat uobis praeparatum ihm̄ xp̄m qu*em* *oportet* caelos recipere usquae ad tempora dispositi onis omnium quae locutus est dš   Ore sanc*torum*

22 *profetaru*m suorum   Moyses quidem dixit ad pa*tres* *nostros* profetam *uobis excitauit* dn̄s dš de fratribus *uestris tamquam me ipsum audietis* per omnia quae

23 *cumque* locutus fuerit ad uos omnis autem anima

23 Quecumquae non audierit profetam illum *extermi*

24 nabitur de populo et omnes profetae a samuel *et per*
ordinem quodquod locuti sunt adnuntiauer*unt is*
25 tos dies uos estis fili profetorum et testamenti *quod*
dī disposuit ad patres nostro[1]s dicens ad abra*ham et*
in semine tuo uenedicentur omnes nationes *ter*
26 rae uobis primo dū excitauit filium suum et *misit*
uenedicentem uos ad auertendum unumque*mque*
1 a nequitis suis loquentibus autem illis ad po*pulum*
uerba ista adstiterunt sacerdotes et praeto*r templi*
2 et sadducei dolentes de eo quod docerent po*pulum*
et adnuntiarent in ihm̃ resurrectionem *mortuorum*
3 Et iniectis manibus tenuerunt eos et tra*diderunt*
4 custodie in crastinum fuit autem iam uespera   *Mul*
ti tamen *eorum* qui audierunt crediderunt *numerus est*
autem factus ad quinquae milia hominum
5 Posttero die collecti sunt magistratus et prin*cipes et*
6 seniores et scribe et pontifex annas et caip*has et io*
hannes   Et alexander et quodquod fuer*ant ex ge*
7 nere ponti*f*icali   Et cum statuissent *eos in medi*
um quaerebant in qua uirtute aut in *quo nomine*
8 id fecissent   Tunc petrus repletus *spu ait ad*
9 eos principes populi et seniores istrael *si nos*

IV, 9-18   F° 113 v°

9 *Hodie* rogamus a uobis super benefacto hominis in
10 *becillis* in quo iste saluatus est sit uobis omnibus no
tum et omni populo istrael quoniam in nomi dn̄i ihū
*xp̄i n*azareni quem uos crucifixistis quem dū excita
*uit a m*ortuis in illo iste in conspectu uestro sanus ad
11 *stitit i*n alio autem nullo   Hic est lapis qui contem
tus est a uobis quia aedificatis qui factus est in caput
12 *anguli*   Non est enim nomen aliud sub caelo da
13 *tum h*ominibus in quo oportet saluari nos cum au
dirent autem omnes petri constantiam et ioannis
persuasi quoniam homines inlitterati sunt et idio
14 *tae admirati* sunt uidentes autem et illum infirmu⁻

cum eis . stantem curatum nihil potuerunt facere
aut contradicere quidam autem ex ipsis agnosce
15 *bant eos*   Quoniam cum ihū conuersabantur tunc
adsecuti iusserunt foras extra concilium adduci
16 *petrum* et iohanem et quaerebant ab inuicem dice⁻
tes quid faciemus istis hominib· nam manifestum
signum factum ab eis omnibus habitantib· hierosoly
17 *mis apparet* et non possumus negare sed ne plus
dentur in populum uerba istorum comminaui
mur eis non loqui in nomine isto ulli hominum
18 *Consentientib·* autem ad sententiam denuntiauerunt

23 Uerunt dicentes quoniam pignarium inuenimus
clausum in omni firmitate et custodes stantes ante
ostia cum aperuiesmus autem neminem inuenimus
24 Et quomodo audierunt uerba ista magistratus templi
et pontifices confundebantur de ipsis quidnam hoc
25 esset adueniens autem quidam nuntiauit eis dicens
quoniam ecce uiri quos misistis in custodiam in tem
26 plo sunt stantes et docentes populum   Tunc abiit
magistratus cum ministris et abduxit eos non
per uimettues ne forte lapiraretur a populo   Ut
27 modo perduxerunt eos in conspectu concilii cepit
28 ad eos praetor dicere   Non praecepto praecepimus
uobis ne umquam in hoc nomine doceretis
Uos autem ecce implestis hierosolymam doctrina ues
tra et uultis super nos adducere sanguine hominis
29 illius   Respondens autem petrus dixit ad illos
Cui obaudire oportet dō an hominib· ille autem ait dō
30 et dixit petrus ad eum dš patrum nostrorum excita
uit ihm̄ quos uos interemistis suspendentes ligno
31 hunc principem dš et saluatorem exaltauit
sua dare penitentiam istrael et remissionem
32 in se et nos quidem testes sumus omnium uerborum
istorum et sp̄s sc̄i quem dedit dš eis qui credunt

33 *In eum* haec cum audirent uerba dirrupiebantur
34 *et cogitabant* perdere eos   Exurrexit autem de co͞
   cilio fariseus quidam nomine gamaliel qui erat legis
   doctor et acceptus totae plebi   Et iussit apostolos mi
35 *nimum duci interim* foras   Et ait ad totum concilium
   uiri istraelite attendite uobis quid de istis hominibus
36 *agere* incipiatis nomen ante hoc tempus surrexit
   theudas quidam dicens se esse magnum cui sensit
   numerus hominum non minus quadrigentorum
   qui iugulatus est et omnes qui ei consenserant co͞
37 *fusi sunt* et nihil sunt facti   Post hunc deinde sur
   rexit iudas galileus in diebus census et conuertit
   multam plebem post se et ille perit quodquod ei cre
38 *diderant* persecutiones habuerunt   Nunc au
   tem fratres dico uobis ab istis hominib· recedatis et
   eos dimittatis et non maculetis manus uestras quo
   niam si haec potestas humani uoluntatis est dissol
39 *uetur uirtus* eius   Si autem haec potestas ex dī uolu͞
   tate est non poteritis dissoluere illos neque uos neq·
   principes ac tyranni abstinete itaquae uos ab is
   tis hominibus ne forte et aduersus dm̄ inueniamini
40 *pugnantes consenserunt* itaque illi et uocauerunt apos
   tolos et caesos dimiserunt eos praecipientes ne um

41 Quam loquerentur alicui in nomine ihū   *Illi*
   autem dimissi abierunt gaudentes e *conspectu con*
   cilii quod digni habiti essent ignominias *pati in nomi*
42 ne ihū omni *autem* die in templo et in *domibus non*
   cessabant docentes et adnuntiantes dn̄m ihm̄ xp̄m
 1 in diebus autem illis cum abundaret turba *discentium*
   facta est contencio graecorum adueʳsus *ebreos eo*
   quod in cotidiano ministerio uiduae *graecorum*
 2 a ministris hebraeeorum *despicerentur* et *conuo*
   cauerunt illi xii totam plebem discipulorum *et dixe*
   runt eis nos est aecum uobis reliquisse *uerbum dī*

3 et ministrare mensis   Quid est ergo fratres *ex*
quirite ex uobis ipsis homines probatos sep*tem ple*
nos spū scō et sapientia dñi quos constitu*amus in*
4 hunc usum nos autem orationi uerbi adse*uerantes*
5 erimus et placuit sermo iste in conspectu *omnium*
discentium et elegerunt stefanum hominem *plenum*
fide et scō spū   Et filippum et proculum et *nicanorem*
et simonem et *parmenen* et nicolaum *proselytum*
6 antiocensem hos statuerunt ante apostolos *et oran*
7 tes inposuerunt eis manus et uerbum dñi ad*cresce*
bat et multiplicabantur numerus discentium *nimis*
magna autem turba in templo audiebant *fidei*

8 *Stef*anus autem plenus gratiam et uirtute faciebat
*prodi*gia et signam coram plebem in nomine ihū xp̄i
9 *exsur*rexerunt autem quidam ex synagoga quae
dicitur libertinorum et alii cyrenaei et ab alexan
10 *dria et* cilicia et asia contendentes cum stefano qui
non ualebant contradicere sapientiae quae erat in
eo et sp̄ui scō quo loquaebatur et quod reuincentur
11 *ab eo* cum omni fiducia   Tunc itaque non ualen
tes resistere aduersus ueritatem summiserunt ho
mines qui dicerent   Audiuimus eum loquentem
12 *uerba* blasphemiae in monsen et dm̄ et concitauerunt
populum et maiores natu et scribas uenerunt et rapu
13 *erunt* eum et perduxerunt in concilium et statue
runt aduersus eum testes falsos qui dicerent non
*defi*cit homo iste uerba iacere aduersus legem
14 *et aduersus* hunc locum sc̄m audiuimus autem eum
*dicen*tem quod ihs̄ nazarenus dissoluet templum is
tum et consuetudinem istam mutauit quam trade
15 *dit* nobis moyses   Et cum intueretur eum omnes
*qui sedeb*ant in concilio uidebant uultu eius   Tamqua⁻
1 *uultum* angeli dī stantis inter illos   Et interrogauit
sacerdos stefanum si haec ita se haberent
2 *At ille r*espondit   Uiri fratres et patres audite ds̄ clari

42 Tunc itaque peruertit illos deus et tradidit *illos ser*
uire exercitui caeli sicut scriptum est in libro *profe*
tarum   Numquid hostias et immolationes *obtu*
listis mihi per annos xl in deserto domus *istrael*

43 et recepistis domum moloc   Et sidus dī *uestri rem*
pham et effigies quas fecistis ut adoretis eas *et trans*

44 feram uos ultra babylonem   Et domus *testimonii*
fuit patribus nostris in deserto sicut prae*cepit loquens*
ad mossem faceret eam secundum effigie*m quam*

45 uidit quam et induxerunt recipientes pat*res nos*
tri cum ihū in possessione nationum ex *quibus*
saluabit dš a conspectu patrum nostroru*m usque*

46 in diem dauid qui inuenit gratiam coram *dō*

47 Et petit habitationem inuenire in dō iacob *solomon*

48 autem aedificauit illi domum sed altissimu*s non*
habitat in aedificis manu factis hominu*m sicut*

49 dicit profeta   Caelus mihi tronus est et *terra sub*
pedaneum pedum meorum qualem do*mum ae*
dificauitis mihi uel qualis domus quietis *meae est*

51 Duricordes et circumcisi corde et auribus *uestris*
uos semper sc̄o sp̄ui contradixistis ˢicut *patres*

52 uestri quem non ex profetis illi persecu*ti sunt et*

52 *Occiderunt* qui nuntiauerunt de aduentum iusti cu
ius uos nunc proditores et latrones fuistis

53 *Qui accepistis* legem in praeceptis angelorum nec o⁓

54   seruastis   Et cum haec illi audissent fre
mebant intra corda sua et stridebant dentes in eu⁓

55 *ipse aute*m cum esset in sp̄u sc̄o et intueretur caelu⁓
uidit honorem dī et ihm̄ dn̄m ad dexteram dī stan

56 *tem et dixit* ecce uideo caelos apertos et filium homi
nis ad dexteram dī stantem tunc ᴘopulus exclama
uit uoce magna et continuerunt aures suas et in

58 *ruerun*t pariter omnes in eum et expulerunt eu⁓
*extra ciui*tate et lapidabunt eum et illi testes posu

erunt uestimenta sua ante pedes iuuenis cuius
59 *nomen* uocatur saulus et lapidabunt stefanum
inuocantem et dicentem dñe ihũ recipe spum meu⁻
60 *et genibus* positis exclamauit uoce magna dñe ne
statuas illis hoc peccatum Et dum hoc dicit obdor
1 *miuit* saulus autem erat conprobator neci stefani
in illis diebus facta est tribulatio et persecutio
magna ecclesiae quae est hirosolimis omnes aute⁻
dispersi sunt circa ciuitates iudeae et samariae
praeter apostolos qui remanserant hierosylymis
2 *Comportauer*unt autem stefanum homines pii et fecerunt

IX, 4-14   Fr 126

4 Uere et audiuit uocem dicentem sibi saule *saule*
5 quid me persequeris qui respondit dicens *quis es*
dñe et dixit dñs ego sum ihs̄ nazarenus que*m tu per*
sequeris uanum autem est tibi contra stim*ulum cal*
citrare qui *trem*ens timore plenus in isto sibi *facto*
6 dixit dñe quid me uis facere et dñs ad eum ex*surge et*
introi in ciuitatem et ibi tibi dicetur quid te *oportet*
7 facere homines autem illi qũi ei comitaban*tur sta*
bant stupefacti et audiebant quidem uocem *sed ne*
minem uidebant cum loqueretur sed ait ad *eos leua*
8 te me de terra Et cum lebassent illum nihil *uidebat*
apertis oculis et tenentes manus eius dedux*erunt*
9 damascum et sic mansit per triduum non uid*ens et*
10 neque cibum neque potum accepit Erat *autem*
quidam discens damasci nomine annanias *et ei in*
11 uisionem̃ dñs ait Annania qui respon*dit quis*
es dñe et dñs ad eum surge et uade in uicum *qui rectus uoca*
tur et quaere in domum iudae nomine saul*um na*
13 tione tarseum ecce enim adorat ipse Respon*dit*
autem annanias dñe audiui ego de isto hom*ine a*
multis quantas persecutiones fecerit sc̄is *tuis*
14 hierosolymam et ecce accepit a sacerdot*ibus*
potestatem in nos uti alliget uniuersos qui *inuo*

15 *Cant nomen* tuum   Cui dixit dñs uade quia uas elec
   tionis est mihi homo iste ut ferat nomen meum cora⁻
16 *gentib*us et regib· et filiis istrael ego enim demons
   trabo ei quanta oporteat eum pati causa nominis mei
17 *et surrexit* annanias et abiit ad domum   Et inposuit
   ei manum in nomine ihū xp̄i dicens saule frater
   dñs me misit ihs qui tiui uisus est in uia per quam ue
18 *nisti ut* uideas et replearis sp̄s sc̄o et estatim cecide
   runt de oculis eius tamquam squamae   Et continuo
19 *uidit et* surrexit et untus est et accepit cibum et con
   *fortatu*s est   Dies autem plurimos et in ciuitate damas
20 *co cum* discentibus transsegit et introibit in sinago
   gas iudaeorum et praedicauit cum omni fiducia dñm
21 *ihm̄ quia* hic est xp̄s filius dī stupebant autem omnes
   qui audiebant et intra se dicebant ita non hic est
   *qui per*sequitur omnes hierosolymis qui inuocant
   *nomen is*tut et nunc quoq· propterea uenit ut finctos
22 *eos adduc*at sacerdotibus saulus autem magis conro
   borabatur in uerbo et perturbat iudeos qui mora
   bantur damasci   Inducens quia hic est xp̄s in que⁻
   bene sensit ds̄ et cum iam multi dies implerentur con
23 *silium* ceperunt iudaei uti eum interficerent notae
   autem paulae factae sunt cogitationes eorum quod

5.6 Runt eos
    in lycaoniae ciuita*tes*   *lys*
7 tra *et d*erben et omnem *circuitum et illic bene nun*
  tiabant et motum est omne genus *in doctrina eorum*
  paulus autem et barnabas *commorabantur in lystris*
8 illic fuit quidam infirmus sedens *inualidus pedibus*
  qui a uente matris numquam ambulauerat *habens ti*
9 morem *di*   Hic libenter audiuit *paulum incipientem*
  loqui intuitus est eum et cognouit *paulus quoniam*
10 haberet fidem ut sal*uaret eum*   Dixit *magna uo*
   ce   Tibi dico in nom*ine* ihū *xp̄i dñi nostri surge in pe*

, des *tuos rectus* et *ambula*   Et *confestim exsiliuit*
11 et *ambulabat* turbae *autem uidentes quae fecit paulus*
   adleuauerunt *uocem lycaonicae* dicentes *dī adsimi*
12 lauerunt se *hominibus* et descenderunt *ad nos et*
   uocauerunt *barnaban quidem iouem* populum *autem mer*
13 curium sacerdos *autem iouis qui* in *porticu ciuitatis*
   erat   *tauros* et diademata *e*
   add   cum *plebe uolens* immolare
14 Et cum *audissent paulus et barnabas* ista *confestim ex*
   sil   s ad plebem *et claman*
15 *tes* dicebant *uiri quid haec facitis* nos *homines su*
   mus uestri *similes adnunt*iantes uobis de *his uanis*

XIV, 15-23   F° 117

15 *Conuertamini* ad eum qui fecit caelum et terrā
16 *mare et* omnia quae in eis sunt qui praeteritis tempo
   ribus *siuit* omni gentis hominum ire in uiam suam
17 *et non inuisibilem* dimisit se sed magis benefecit dans
   uobis *pluui*am dae caelo et tempora fructuosa adimplens
18 *cibo et iucundidate* corda vestra   Et haec dicentes
   *uix persuas*erunt ne inmolaret sibi illi homines et dis
19 *cedere* eos ab se et cum ibi commorarentur et doce
   rent *superu*enerunt quidam iudaei ab iconia et antio
   chia qui palam disputabant uerbum dī persuadebant
   illos homines ne crederent eis docentibus dicentes
   quia nihil ueri dicunt sed in omnibus mentiuntur
   et *concita*uerunt turbam ut lapidarent paulum quē
   trahentes foras extra ciuitatem putauerunt eum esse
20 *mortuum* tunc circumdederunt eum dicentes et
   cum *surressisset* populus uespere   Leuauit se et intro
   *iuit ciuit*atem lystrum et altera die exiuit cum barna
21 *ba in* derben ec bene nuntiauit eis qui erant in
   ciuitate et docuerunt multos tunc reuersi sunt
22 *lystram et* iconium et antiochiam confortantes ani
   *mas discen*tium et rogantes eos permanere in fide
   dicentes quia per multas *tribul*ationes oportebit uos
23 *introire in* regnum dī et *constituerunt eis* maiores *natu*

34 Quidam autem crediderunt in quibus don*ysius qui*
dam areopagites et mulier nomine damalis *et multi ce*

1 teris cum eis et cum recessisset paulus ab at*henis uenit*

2 corinthum et inuenit aquilam natione *ponticum iu*
daeum qui in recenti uerant ab italia cum *pris*
cilla uxore sua et salutauit eos   Hii autem *propte*
rea exsierunt ab urbe quod dixisset claud*ius*
uti omnes iudaei exirent ab urbe qui uene*rant in acha*

3 iam   Paulus autem agnitus est aquilae *cum*
esset eiusdem artis et mansit apud eum   *Erant enim*

4 arteficio lectari et cum introiret in syna*gogam per*
omnem sabbatum disputabat interponens *nomen*
dñi ihū suadebat autem non tantum iudae*is sed et grae*

5 cis   Tunc superuenerunt a macedonia *silas et*
timotheus atque iterum cum multis fier*ent uerba*

6 et scripturae interpraetarentur   Con*tradicebant*
iudaei quidam et maledicebant tunc exc*ussit ues*
tem suam paulus et dixit ad eos sanguis ues*ter super*
caput uestrum mundus ego nunc uado ad *gentes*

7 ab uobis et recessit ab aquila et abiit in do*mum iusti*
metuentis dm̄   Erat autem domus eius con*finis sy*

8 nagogae   Arcihisynagogus [1] autem quidam *nomine*
crispus credidit in dñm cum tota domo sua et *cum*

8 *Multus* plebs corinthiorum audierant uerbum dñi

9 *unti sunt* credentes dō in nomine ihū xp̄i tunc dixit
*dñs ad paul*um in uisum ne timeas sed loquaere et ui

10 *de ne tace*as quoniam ego sum tecum et nemo cona
bitur male facere tibi propterea quod plebs est mihi

11 *multus in* ista ciuitate et sedit corinthi per annu et

12 *sex menses* docens apud eos uerbum dī   Gallio aute⁻
cum esset pro consule achaiae   Exurreserunt *con*
sentientes iubaei et conlocuti secum de paulo inie

13 *cerunt ei* manus et perduxerunt ad proconsulem cla

---

[1] Le premier *i* de ce mot est exponctué par un point en haut.

mantes. et dicentes quiaduersus legem suadet homi
14 *nes deum* colere et cum uellet paulus os aperire dixit
gallio ad iudeos si esset aliqua iniquitas in eo uel fac
15 *inus nequam* o uiri iudei recte uos sustinerem sed
si quaestiones aliquae sunt *inter* uos uel de uerbo
uel de nominib· uel de lege uestra ipsi uideritis iudex
16.17 *eorum nolo* esse et dimisit eos a tribunali suo et co-
*prehen*derunt graeci sostenen archisynagogu¯
et percusserunt ante tribunal et gallio simulabat
18 *se non uidere* paus autem commoratus illic conplu
ribus diebus ualefecit fratrib· nauigans in syriam
et cum eo priscilla et aquila qui uotum cum fecisset
19 *cenchris* capud tondit et cum uenisset ephesum in se

8 Confitentur esse resurrectionem et ang*elum neque*
9 sp̄m et cum clamor ortus esset inter eos diui*si sunt*
et quidam de scribis et parte phariseorum *contradice*
bant dicentes quid autem mali ⁱⁿ hoc homine *inueni*
10 mus ss·pspus locutus est ad eum uel angelus *et cum*
esset inter illos magna dissensio timens *tribunus*
ne carperetur ab eis paulus iussit numerum
uenire et rapere eum de medio ipsorum et ad*ducere*
11 in castra sequenti autem nocte adstitit ei dn̄s *et ait*
bono animo esto paule quomodo enim testi*monium*
perhibebas hierosolymis ita oᴾortet et rom*ae testi*
12 monium dicere et cum dies factus est cong*regaue*
runt se quidam ex iudeis et deuouerunt se di*centes*
neque edere nequae uiuere donec occide*rent paulu·*
13.14 erat autem plus xl qui se deuouerant acce*sseru·*
itaque ad sacerdotes et maiores natu et di*xerunt*
deuobimus nos ne quid gustemus in totum *donec occi*
15 damus paulum nunc itaque rogamus *uti* hoc *nobis*
praestetis congraegate concilium et petite a *tribuno*
uti deducant eum ad uos tamquam certius a*liquid in*
quisituri de eo nos autem parati erimus ad *interficiendum*
16 eum licet oporteat ad nos mori sed cum aud*iuisset*
iuuenis filius sororis pauli conuentionem eorum *ue*

16 *Nit extra* et intrauit ad paulum et indicauit ei
17 *Et uocau*it paulus unum ex centurionib· et dixit ei iuue
   nem istum duc ad tribunum habet enim quod illi in
18 *dicet qui* confestim adduxit iuuenem ad tribunum
   habet enim quod illi indicet qui confestim adduxit iu
   uenem ad tribunum dicens uictus me paulus uocauit
   *me rog*ans uti istum perducerem ad te quia habet quod
19 *indicet* tibi adpraehensa autem manui eius tribunus
   *ante homi*nes et secessit cum eo et inquirebat ab eo quid
20 *esset* quod haberet illi dicere qui ait iudaeis conuer
          roget te crastina die ut deducas laulum in conci
   *lium tam*quam uolentes certius ab eo aliquid inquire
21 *re illis* ergo tu e suadaris sunt enim ex eis plus homi
   nibus xl parati qui eum interficiant qui et deuouerunt
   *se nulla*m rem gustaturos quoadusq· hoc agant
22 *Et nunc* parati sunt sperantes pollicitationem tuam et
   *tribunu*s quidem iuuenem illum dimisit praecipiens
23 *ne quis* sciret quod sibi nuntiasset et uocauit duos
   *ex cent*urionibus et dixit praeparate milites qui eant
          usq· in caesarea equites centum et pedites du
   centos et ab hora noctis tertiam imperat ut parati
24 *essent ad* eundum et centurionib· praecepit uti iumenta
   *praeparare*nt et inponeret paulum et deducerent per noc

20 Ciuitatibus praedicaui peniteri et reuerti *ad dm*
21 digna opera penitentiae agentes horum *causa me*
   iudaei cum essem in templo conpraehenderu*nt et ne*
22 gare conati sunt cum ergo auxilium dī sit *mecum*
   esto indicans maiori ac minori nihil amplius *dicens eis*
   quae profetae dixerunt futura esse scrip*tum est enim*
23 in moysen si passibilis xp̄s ex ᵣₑₛurrexione *mortuorum*
24 lux annuntiabit plebi et gentib· et cum haec *loquere*
   tur orauit *et* clamauit festus et dixit insanisti *paule*
   insanisti mu*lte* te literae in insaniam conuer*terunt*
25 qui respondit ei non insanio optime legate *sed*

26 ueritatis et sapientiae uerba emitto scit autem
de istis rex apud quem loquor nihil enim horum *eum*
27.28 latet credis rex agrippa profetis scio quia *credis agri*
ppa ad eum ait modico suades mihi paule xp̄ian*um facere*
29 ad quem sic ait orarem dm̄ et in modico et in m*agno non*
solum te sed et istos qui me aud*i*unt omnes fieri *tales*
30 qualis ego sum exceptis uinculis istis et cum *haec dixis*
set exurrexit rex et legatus et omnes *assedentes eis*
31 et secesserunt praefantes inter se de eo dicentes *nihil*
mortem dignum uel uinculorum homo iste *fecit respon*
32 dit autem rex agrippa dimitti poterat hom*o iste si non*
1 appellauit caesarem et ita legatus mitti eum *caesaream*

XXVII, 1-13 F⁰ 127 v⁰

1 *Et in* crastinum uocauit centurionem quenda⁻
*nomi*ne iulium et tradidit ei paulum cum ceteris cus
2 *todiis* cum coepissemus nauigare ascendimus in naue⁻
*adru*metinam ascendit autem nouiscum et aristar
3 *chus macedo* uenimus autem sidonae et humanae ttrac
tans paulum ille centurio permisit amicis qui ueniebant
4 *ad eum* uti curam eius agerent inde autem nauigantes
5 *legimus* cyprum eo quod contrari erant uenti et post
haec nauigantes sinum cilium et pamphilium pelagu⁻
6 *xu dieb·* deuenimus mira lyciae et inuenit naue⁻
alexandrinam centurio ille nauigantem in italia
7 *inposu*it nos et cum tarde nauigaremus per aliquos
8 *dies* uenimus gnidum et inde cum tulissemus lege
bamus unde uenimus in portum bonum ubi anchis ci
9 *uitas* erat et cum paucos dies illic fecissemus et iam es
set periculosa nauigatio eo quod et ieiunium trans
10 *isset accessit* paulus dicen^s uirideo nos cum iniuria
magna et iactura non tantum nauis sed et animaru⁻
11 *nostrarum* nauigare incipere gubernator autem
12 *et magister nauis* cogitabant nauigare si forte possen^t
uenire phoenicem in portum qui est cretae consen
13 *tiebat illis* magis centurio quam paulis uerbis et
cum flaret auster tulimus celerius et suble^gebamus

LES ÉPITRES CATHOLIQUES

1 Pierre IV, 17-V, 10   F° 129 v°

17 A nobis qui finis eorum quı non crcdunt dī *euangelio*
18 et si iustus quidem uix saluus erit peccator *et impius*
19 ubi parab*it* ideoque *et hi* qui patiuntur *secundum*
   uoluntate dī fideli creatori conmendent *animas suas*
 1 in uenefactis seniores igitur qui in uobis su*nt obtestor*
   testis consenior xp̄i passionum et eius quae *incipit re*
 2 uelari gloriae socius pascite qui in uobis est *gregȼm dī*
   perspicientes ne *ex* conpulsione sed uolunta*rie secun*
 3 dum dm̄ non in turpilucro sed prompticordes *neque do*
 4 minantes in clerum sed forma estote gregis *ut cum appa*
   ruerit princeps pastorum rationem rcdditis *de ouibus et*
   percip*iatis* illam floridam et inmarcescibilem *gloriae co*
 5 *ronam*   *Similiter et adulescentes subiecti estote*
   seniorib· omnes autem inuicem quietem et hu*militatem*
   induite quia dō superbis resistit humilib· autem *dat gratiam*
 6 humiliate uos igitur sub illam potentissima man*u dī ut uos*
 7 exaltet in tempore uisitationis suae   Omnem *sollicitu*
   dinem uestram proicientes super eum qıoniam *ipsi est cura*
 8 *de* uobis sobrii estote uigilate gratia mo*ti* quia adu*ersarius*
   uester diabolus tamquam leo rugiens circuit qu*aerens quem*
 9 transuoret cui resistite fortes in fide sci*entes easdem passio*
10 nes in omni quae est in mundo fraternittati ues*trae fieri dō*
   autem omnis gratiae qui uos uocauit in aete*rnam suam*

1 Pierre V, 10 à 2 Pierre I, 6   F° 129

10 *Gloriam* in xp̄o ihū modicum passos ipse perficiet confir
11 *mabit solid*abitque cui est uirtus et potestas in saecula sae
   culorum [1]
12 *Per siluanu*m fratrem fidelcm uobis ut arbitror *breu*
   *iter scrip*si consulans et contestans haec esse uere gratia⁻
13 *dī in qua* stetistis   Salutat uos quae est bababilone electa

---

[1] La troisième ligne est en blanc, sauf le premier mot qui est coupé.

14 *et marcus* filius *meus* salutate inuicem in oscul/ carita
  tis gratia dñi cum his qui inuocant ihm xpm in perpetuita
  te pax uobis omnib· qui estis in xpo ihu amen

    Explicit epistola prima

    Secunda

1 *Simon* petrus[1] seruus et apostolus *ihu xpi* coaequale‾
  nobis ademtis fidem in iustitia dī nostri et saluatoris

2 *ihu gratia* uobis et pax multiplicetur in recognitione

3 *dī et xpi ihu* dñi nostri sicut omnia nobis diuinae uirtu
  tis *quae ad* uitam pietatemquae donatae per recognitio

4 *nem eius qui* uocauit nos propia gloria et uirtute per quae
  maxima et pretiosa nobis promissa donata sunt *ut* per
  haec efficiamini diuiuae consortes naturae et fugie‾
  tes *eam quae* in mundo in cupiditate corruptionem sed

5 *et uos sollicitudinem* omnem subinferentes subminis
  trate *in* fide uestra uirtutem in uirtute uero scientiam

6 *in scientia autem abstinenti*am in *abst*inentiam autem patientiam

7 *In patientia* uero pietatem in pietatem aute*m amorem*
  fraternitatis in amore uero fraternitatis *cacaritatem quae*

8 *cum uobis* praesto sint et superent non uac*uos nec in*
  foecund*os* constituunt in dñi nostri *ihu xpi cognitio*

9 nem *cui* enim non praesto sunt haec caecus *est*
  obliuionem accipiens purgationis priorum *suorum de*

10 *lictorum* quapropter magis fratres satisag*ite ut per bo*
  na opera confirmatam uestam uocationem *et electionem*
  faciatis haec enim facientes non offend*etis sic enim*

11 abundanter sumministrauitur uobis intr*oitus in ae*
  ternum regnum dñi nostri et salutaris ihu *xpi propter*

12 quod non differam semper commem*orare super his et qui*

13 dem scientes et corrouoratos in *praesenti ueritate ius*
  tum autem arbitror quamdiu sum in hoc corp*ore excita*

14 re uos in commemoratione certus quod uelox *futura est*
  mihi depositio corporis mei *secundum quod dñs noster*

15 ihs xps significauit mihi ~~aabq~~ *satis autem agite frequen*

<hr>

[1] Ces deux mots paraissent d'une autre encre.

ter habere posi*tis* *etiam* *corporib·* *ut* *horum* *me*m*oriam*
16 faciatis non enim commentitias fabulas *secuti* *no*
tam fecimus uobis dñi nostri ihū *xp̄i* *uirtutem* *et* *praesen*
17 tiam sed speculatores facti ipsius magnitudin*is*
a dō patre honorem et gloriam uoce delata ei *huiusmodi*
de magnifica maiestate hic est filius me*us* *in* *quo*

18 *Bene* sensi et hanc uocem nos audiuimus de caelo
19 *delatam* cum essemus cum ipso in sc̄o monte et habemus
firmiorem propheticum sermonem cui bene *facitis* in
tendentes quemadmodum lucernae lucenti in *obscuro*
loco donec dies lucescat et lucifer oriatur in cordibus
20 *uestris* *hoc* primum intellegentes quod *omnis* prophe
21 *tiae script*ura interpraetatione indiget non *enim* *uo*
luntate *humana* allata est umquam prophetia sed
1 *sp̄u* *sc̄o* *acti* locuti sunt st̄i homines d̄i uerunt uero *et*
*pseudo*prophetae in populo in populo sicut et in uobis erunt
magistri mendaces qui subinducent sectas perditio
nis *et* *eum* qu*i* *et* *in* eos domina̅t ore abnegantes super
2 *ducentes* sibimetipsis celerrimum interitum et multi
*sequen*tur libidines ipsor*um* per quos uias ueritat*is*
3 *blasphemabunt* *et* mercabuntur *uos* in auaritia
fictis *uerb*is quibus iudicium olim non cessat et perditio
4 *eorum* *non* dormitat si enim d̄s angelis peccantib· non
pepercit sed carcerib· calig̅nis inferi retrudens tradi
5 *dit in iud*icio puniendos *seruari* et originali mundo no⁻
pepercit sed octauum noe *iustitiae* praeconem custo
6 *diuit diluui*um super inpios inducens et ciuitates sodo
*mam et gom*orram in cinerem dedit *et eas euer*sione dam
nauit exemplum ponens impie acturis et iustum loth op

8 Rimus quoniam peccatum ñ habemus ipsos nos *decipimus*
9 et ueritas in nobis non est si confiteamur peccata nost*rc* *fide*
lis et iustus ut remittam nobis peccata et purge*t* nos *ex om*
10 ni iniquitate quod si dixerimus quod non peccau*imus*
mendacem faciemus eum et uerbum eius non est *in nobis*

1 fili mei haec iscribo uobis ne peccetis et si quis *peccauerit*
2 adocatum abemus aput patrem ihū xp̄m iustum *et ipse*
   est exoratio pro peccatis nostris non pro nostris *autem*
3 tantum sed et pro totius saeculi et in hoc iscimus *quoniam*
4 cognouimus eum si mandata[1] eius seruemus qui *dicit se nosce*
   re eum et mandata *eius* non seruat mendax est in *hoc ueritas*
5 non est nam qui custodit uerbum *us* in hoc *caritas dī per*
6 fecta est in hoc iscimus quoniam in eo sumus qui *dicit se in ipso*
   manere debet quemammodum ille ambulauit et *ipse am*
7 bulare carissimi non nouum *mandatum* scribo *uobis sed*
   mandatatum uetus quem habuistis ab initio *mandatum*
8 uetus est uerbum quod audistis iterum mand*atum nouum*
   iscribo uobis quod est uere in ipso *et in uobis quia tene*
9 brae iam transeunt et lumen uerum iam luc*et qui dicit se*
   in lumine esse et fratrem suum *hodit* in *tenebris est usq· ad*
10 huc nam qui diligit fratrem suum in lumine perm*anet et scan*
11 dalum in eo non est qui autem hodit fratrem su*um in tene*
   bris *est* et in tenebris ambulat et non scit ubi eat *quia te*

II, 12-23   F° 128 v°

12 *Nebrae* obscoecauerunt oculos eius scribo uobis filio
   li *quoniam remittuntur* uobis peccata propter nomen eius
13 *scribo* uobis patres quoniam cognouistis quod era*t* ab i
   nitio scribo uobis iuuenes quoniam uicistis *malignum*
14 *scribo* uobis pueri quoniam cognouistis patrem quod
   cognouistis eum qui est ab initio scribo uobis adulescentes
   quoniam fortes estis et uerbum dī in uobis permanet et
15 *uicistis* malignum nolite diligere seculum nec ea quae sunt
   in saeculo si quis diligit saeculum non *est caritas patris in*
16 *eo quoniam* omne quod est in seculo concup*iscientia* carnis
   est et concupiscentia oculorum et superbia *uitae est quae*
17 *non est ex* patre sed de seculo est et saeculum transit et
   concupiscentia qui autem facit uoluntatem dī permanet
18 *in aeternum*   Pueri nouissimia hora *est et* sicut au
   distis quoniam antixp̄s uenit nunc antixp̄i multi facti sunt
19 *unde cognoscimus* quoniam nouissima hora est   Ex nobis

[1] Première main: *mendata*· L'*a* est écrit au-dessus de l'*e*.

exierunt sed *non* erat ex *nobis* nam si fuisset ex nobis per
mansissent forsitan nobiscum sed ut *praesto* fiat quoniam
20 *non sunt* omnes ex nobis et uos unctionem accepistis a stō
21 *et nostis omnia* non scripsi uobis quasi ignorantib· ueritate⁻
sed *scientibus* eam et quoniam omnem mendacium ex ueri
22 tate *non est* quis est mendax nisi is qui negat quia is est xp̄s
23 *hic est antixp̄s qui* negat patrem et filium omneˢ *qui negat* filium

23 Nec patrem habet qui confitetur filium et *patrem habet*
24 *uos* quod aud*i*stis ab initio permaneat in *uobis quod si*
in uobis perman*serit* quod ab initio aud*istis et uos in filio*
25 et p*atre permane*bitis et haec est promissio *quam ipse pol*
26 lic*itus est* nobis uitam aeternam   Haec *scripsi uobis de*
27 eis qui sed*ucunt* uos et uos untionem quam *accepistis*
ab eo permaneat in uobis et necesse non *habetis ut aliquis*
doceat uos sed sicut untio eius docet uos de omn*ib· et uerum*
est et non est mendum et sicut docuit uos *permanete in eo*
28 Et. nunc filio *manet*e in eo ut cum uenerit *fiduciam habea*
mus et non confundamur ab eo   In *praesentia eius*
29 *si scimus quoniam iustus est scitote* quoniam *omnis qui facit*
1 *iustitiam ex ipso natus* est ecce qualem caritatem *dedit no*
bis pat*er* ut filii dei uoc*a*remur et sumus propter*ea seculum nos in*
2 *honorat* carissimi nunc filii dī sumus et nondum *manifesta*
tum est qui futuri sumus scimus quoniam cum *apparuerit*
3 similes erimus ei quoniam uidebimus eum *sicuti est et om*
nis qui habet spem hanc in eo castificat *se sicut et ille castus*
4 est omnis qui facit peccatum et iniquitatem *facit et peccatum*
5 est iniquitas et scitis quoniam ille apparuit ut *peccata tolleret*
6 et peccatum in illo non est omnis qui in eo *permanet non peccat*
7 omnis qui peccat non uidit eum nec cognouit *eum filioli*
nemo uos seducat qui facit iustitiam iustus est *qui autem fa*

8 *Cit peccatum* de diabolo est quia ab initio diabolus
peccat in hoc apparuit filius dī ut soluat opera diaboli
9 *omnis qui natus* est de dō peccatum *non* facit quia seme⁻
eius in eo manet et non potest peccare quoniam de dō na

10 *tus est ex hoc* manifesti sunt filii dī et filii et fili diaboli
   omnis qui non facit iustitiam non est *de* dō et qui non dili
11 *git fratrem suum* quoniam hoc est *mandatum* quod audistis
12 *ab initio ut* diligamus inuicem non sicut cain ex maligno
   erat et occidit fratrem suum et cuius rei gratia occidit eu⁻
   quia opera *eius maligna* erat fratris autem eius iusta
13.14 *et nolite mirari fratres* si odit nos hic mundus nos scimus *quia*
   *transiuimus de morte in uita*m quia diligimus fratres
15 *qui non diligit* permanet in morte omnis qui odit fratre⁻
   suum homicida est et scitis *quoniam* omnis homicida no⁻
16 *habet uitam* aeternam in se manentem in hoc cognosci
   mus caritatem quia ille pro nobis animam suam posuit et
17 *nos debemus* de fratib: animam ponere   Qui autem habu
   erit substantiam huius mundi et uiderit fratrem *suum e*
   gere et clauserit uiscera sua ab eo quomodo caritas dī per
18 *manet in eo*   Filioli non diligamus tantum uerba et lingua
19 *sed opere et* ueritate in hoc cognoscimus quoniam ex ue
20 *ritate sumus* et coram ipso suadebimus cordi nostro quonia⁻
   si reprehendat nos cor nostrum maior est dē corde nostro et